SANDRA SCHUMANN

STUDENTEN
KÜCHE

FOTOGRAFIE: COCO LANG, SILVIO KNEZEVIC

INHALT

Öffnen Sie die Klappen dieses Buches.
Dort finden Sie die wichtigsten Infos zum Thema auf einen Blick!

DAS PRINZIP:
STUDI-KÜCHE

DIE PERFEKTE
KOMBI

Immer griffbereit:

COOLE KÜCHEN-
HACKS

Immer griffbereit:

WAS TUN, WENN …

**GU
CLOU**

Wussten Sie schon, dass …?
Entdecken Sie bei einigen ausgewähl-
ten Rezepten ganz besondere Tipps
mit verblüffendem Insiderwissen.
Aha-Momente garantiert!

Mit diesem Symbol sind alle vegetarischen
Gerichte gekennzeichnet.

Die Backzeiten können je nach Herd variie-
ren. Unsere Temperaturangaben beziehen
sich auf das Backen im Elektroherd mit
Ober- und Unterhitze.

Sammeln Ihrer Lieblingsrezepte
mit der »GU Kochen Plus«-App
(siehe S. 64)

REZEPTKAPITEL

06 FÜR MORGENS UND ZWISCHENDURCH

22 EINFACH UND GÜNSTIG NACH DER UNI

46 ESSEN MIT FREUNDEN

SANDRA SCHUMANN

Studenten wollen gesunde, schnelle Rezepte, die auch mit einem kleinen Budget einfach funktionieren. Mit cleveren Garmethoden, der richtigen Planung und den passenden Zutaten ist das kein Problem – davon ist unsere Autorin überzeugt. Sie selbst erinnert sich noch gut an ihre eigene Unizeit.

Was kam im Studium auf den Tisch?

Als ich von zu Hause ausgezogen bin, konnte ich kaum kochen. Da gab es erst einmal viel Tiefkühlkost. Nach einer Weile wollte ich dann aber selbst den Kochlöffel schwingen und habe ganz klein mit Pastagerichten und Suppen angefangen. Spannend wurde es in meinen Jahren im Auslandsstudium. Da teilte ich mir die Küche mit vier Nationen. Dann wurde es richtig bunt und ich immer mutiger und kreativer.

Was sind Tipps für lange Tage in der Uni?

Wer wie ich nicht ständig in die Mensa gehen möchte, sollte vor allem für lange Tage ein paar Rezepte zum Mitnehmen auf Lager haben. Ein schneller Frühstücks-Smoothie, Sandwiche mit leckeren Aufstrichen und Sattmacher-Salate mit Kichererbsen und Pasta (wichtig: das Dressing extra packen!) sind immer eine gute Idee.

Mit kleinem Budget lecker essen, geht das?

Unbedingt! Man kann auch mit wenig Geld gesund und günstig leben. Ich habe meistens für mindestens eine Woche im Voraus geplant und bin dann mit Liste einkaufen gegangen. Ganz wichtig: Nie hungrig zum Einkaufen gehen, so umschifft man viele Verlockungen. Außerdem lohnt es sich, wenn man schon am Herd steht, in größeren Mengen zu kochen und portionsweise einzufrieren. Mit diesem Trick kann man sich in anstrengenden Uniphasen das Kochen auch mal sparen und wärmt einfach auf.

LIEBLINGSSANDWICH MIT 5 ZUTATEN

Aus 1 Toastscheibe ein Loch (ca. 6 cm Ø) ausstechen.

1 TL Butter in einer Pfanne bei mittlerer Hitze zerlassen.

Die Toastscheibe mit Loch und 1 weitere ganze Toastscheibe darin nebeneinander kurz anbraten, dann wenden.

Die ganze Toastscheibe mit je 1 Scheibe Kochschinken und Gouda belegen.

1 Ei (S) aufschlagen und in das Toastloch gleiten lassen.

Beide Toasts noch ca. 3 Min. weiterbraten. Zum Servieren den Spiegeleitoast auf den Schinken-Käse-Toast setzen – fertig!

FÜR MORGENS UND ZWISCHENDURCH

CHAI-PORRIDGE MIT KARAMELLISIERTEN FRÜCHTEN ◖

SOMMER-REZEPT

450 ml Milch (3,5 % Fett)
3 Beutel Chai-Tee
2 EL Zucker
1 Pck. Vanillezucker
1 Pfirsich
1 Nektarine
1 Aprikose
90 g kernige Haferflocken
2 EL Honig
2 EL Mandelblättchen

1 Die Milch in einem Topf zum Kochen bringen und den Chai-Tee darin ca. 5 Min. ziehen lassen.

2 Inzwischen den Backofengrill vorheizen. Zucker und Vanillezucker mischen und auf einen tiefen Teller geben. Die Früchte waschen, halbieren und jeweils den Stein entfernen. Das Obst mit der Schnittfläche in den Zucker-Mix tauchen und mit der Zuckerseite nach oben nebeneinander in eine rechteckige Backform (ca. 25 × 35 cm) setzen.

3 Die Teebeutel entfernen und die Haferflocken zur Chai-Milch in den Topf geben. Dann alles bei kleiner Hitze unter Rühren in 5–10 Min. zu einem cremigen Porridge kochen. Den Honig hinzufügen und unterrühren. Währenddessen die Früchte unter dem Backofengrill in 2–3 Min. karamellisieren lassen.

4 Zum Servieren den Porridge in Schalen füllen und die karamellisierten Früchte darauf verteilen. Zuletzt mit Mandelblättchen bestreuen.

GU CLOU

Porridge ist langweilig? Von wegen! Dieser schmeckt besonders aromatisch und würzig, da man die Chai-Gewürzmischung vorher in der Milch ordentlich auskocht.

Für 2 Personen • 35 Min. Zubereitung • Pro Portion ca. 560 kcal, 16 g EW, 13 g F, 93 g KH

MILCHREIS MIT ZIMTZUCKER 🌿

KLASSIKER

750 ml Milch (3,5 % Fett)
110 g Milchreis (ersatzweise Risotto-Reis)
45 g Zucker
1 TL Vanille-Extrakt (ersatzweise 1 Pck. Vanillezucker)
½ Zimtstange
Zimtpulver zum Bestreuen

1 Milch, Reis, 40 g Zucker, Vanille-Extrakt und Zimtstange in einem Topf mischen und bei mittlerer Hitze langsam zum Kochen bringen. Dabei ab und zu umrühren.

2 Sobald die Milch kocht, die Hitze auf klein bis mittel reduzieren und alles offen 20–25 Min. köcheln lassen, bis der Reis weich und die Milch angedickt ist. Dabei ab und zu umrühren. Inzwischen den restlichen Zucker mit 1 Prise Zimt mischen.

3 Den Topf von Herd nehmen und ca. 5 Min. abkühlen lassen. Der Reis quillt dabei weiter und saugt mehr Milch auf. Zum Servieren die Zimtstange entfernen, den Milchreis auf Schalen verteilen und mit der Zimt-Zucker-Mischung bestreuen. Dazu passen frische Früchte, Fruchtmus, Nuss-Nougat-Creme oder Kokosflocken.

Für 2 Personen • 10 Min. Zubereitung • Pro Portion ca. 145 kcal, 3 g EW, 2 g F, 28 g KH

ERDBEER-SMOOTHIE-BOWL 🍃

VITAMINREICH

1 Orange
½ Banane
½ Mango (ca. 100 g
  Fruchtfleisch)
100 g TK-Erdbeeren
2 EL Schokoladen-Müsli
  oder -Granola

1 Die Orange halbieren und den Orangensaft auspressen. Die Banane schälen und in grobe Stücke schneiden. Die Mango schälen und ebenfalls grob schneiden.

2 Den Orangensaft mit Banane, Mango und tiefgekühlten Erdbeeren in einen Standmixer geben und alles fein pürieren. Zum Servieren den Smoothie in Schüsseln füllen und mit Schokoladen-Müsli oder -Granola bestreuen.

Für 2 Personen • 5 Min. Zubereitung • 25 Min. Backen • Pro Portion ca. 340 kcal, 24 g EW, 12 g F, 35 g KH

EI IM BRÖTCHEN GEBACKEN

SCHMECKT WARM ODER KALT

2 Brötchen
4 TL Kräuterfrischkäse
* (Doppelrahmstufe)*
2 Scheiben Kochschinken
2 Eier (M)
Salz, Pfeffer

1 Den Backofen auf 180° vorheizen. Ein Backblech mit Backpapier auslegen. Von den Brötchen jeweils waagrecht einen schmalen Deckel abscheiden. Die Brötchenunterteile aushöhlen, jeweils mit 2 TL Frischkäse bestreichen und 1 Schinkenscheibe hineinlegen.

2 Die Brötchenunterteile nebeneinander auf das Backblech legen. Die Eier einzeln aufschlagen und jeweils vorsichtig auf die Schinkenscheibe gleiten lassen. Die Brötchen im Ofen (Mitte) 20–25 Min. backen, bis das Ei gestockt ist und den gewünschten Härtegrad erreicht hat. Dabei nach Belieben die Brötchenoberteile auch 3–5 Min. mitgaren (nicht länger, sonst werden sie zu dunkel!).

3 Die Brötchen aus dem Ofen nehmen und mit Salz und Pfeffer würzen. Zum Servieren die Brötchenoberteile auflegen.

Für 2 Personen • 20 Min. Zubereitung • Pro Portion ca. 435 kcal, 18 g EW, 28 g F, 25 g KH

FRENCH TOASTS MIT TOMATEN

GELINGT LEICHT

2 Eier (M)
100 ml Milch (3,5 % Fett)
3 EL geriebener Parmesan
Salz, Pfeffer
2 Tomaten
je 1 Zweig Rosmarin und
    Thymian (ersatzweise je
    1 Prise getrocknete Kräuter)
1 TL Olivenöl
1 TL Aceto balsamico
2 EL Butter
4 Scheiben Weißbrot
    (z. B. Ciabatta, Toast)

1 Eier, Milch und Parmesan in einer Rührschüssel mit einem Schnee-besen verquirlen und mit Salz und Pfeffer würzen. Die Tomaten waschen und in kleine Würfel schneiden, dabei die Stielansätze entfernen. Die Kräuter waschen und trocken tupfen, die Nadeln bzw. Blätter abzupfen. Die Tomatenstücke mit Öl und Essig mischen, die Kräuter hinzufügen.

2 Die Butter in einer Pfanne bei mittlerer bis großer Hitze erwärmen. Die Brotscheiben nacheinander solange in die Ei-Milch-Mischung legen, bis sie etwas Flüssigkeit aufgenommen haben. Anschließend in der Pfanne auf jeder Seite in 1–2 Min. goldbraun braten, herausnehmen und auf 2 Tellern beiseitestellen.

3 Die Hitze reduzieren und die Tomatenmischung in der Pfanne 1–2 Min. braten, bis sie gerade warm ist. Auf den Broten verteilen, mit Salz und Pfeffer würzen und sofort servieren.

Für 1 Kastenform (30 cm; ca. 20 Scheiben) • 20 Min. Zubereitung • 1 Std. 5 Min. Backen •
Pro Scheibe ca. 165 kcal, 2 g EW, 6 g F, 25 g KH

BANANA BREAD 🍃

FRÜHSTÜCK AUF VORRAT

125 g weiche Butter
175 g brauner Zucker
1 Pck. Vanillezucker
3 sehr reife Bananen
2 Eier (M)
250 g Mehl (Type 405)
1,5 TL Backpulver
1 TL Zimtpulver
100 g heller Sirup
   (z. B. von Grafschafter)

GEWUSST WIE

Das Brot am besten in Scheiben schneiden und einfrieren. Die einzelnen Scheiben können im Toaster aufgetaut und geröstet werden.

1 Den Backofen auf 160° vorheizen. Die Backform mit Backpapier auslegen.

2 Weiche Butter, Zucker und Vanillezucker in einer Rührschüssel mit den Rührbesen des Handrührgeräts ca. 5 Min. aufschlagen, bis die Masse cremig und hell ist. Die Bananen schälen und grob in Stücke teilen. Eier und Bananenstücke zum Teig dazugeben und ebenfalls mit den Rührbesen des Handrührgeräts untermischen.

3 Mehl, Backpulver und Zimt mischen und in die Rührschüssel über die Butter-Eier-Masse sieben. Zuletzt den Sirup hinzufügen und alles zügig zu einem glatten Teig verrühren.

4 Den fertigen Teig in die Backform füllen und im Ofen (Mitte) 60–65 Min. backen. Das Banana Bread herausnehmen und auf einem Kuchengitter abkühlen lassen.

MÖHRENMUFFINS
MIT HAFERFLOCKEN ◖

FÜR UNTERWEGS

1 große Möhre (ca. 150 g)
50 g Walnusskerne
2 Eier (M)
150 g brauner Zucker
85 ml flüssiges natives Kokosöl
150 g Apfelmus
4 EL Joghurt (1,8 % Fett)
30 g zarte Haferflocken
150 g Weizenvollkornmehl
1 geh. TL Natron
Salz
zarte Haferflocken und gehackte
   Walnusskerne zum Bestreuen
   (nach Belieben)
Öl für die Form

1 Den Backofen auf 180° vorheizen. Die Mulden der Muffin-form mit Öl einfetten. Die Möhre waschen und auf der Gemü-sereibe fein raspeln. Die Walnüsse fein hacken.

2 Die Eier mit dem Zucker in einer Rührschüssel mit den Rührbesen des Handrührgeräts ca. 3 Min. cremig aufschlagen. Möhrenraspel und Walnüsse dazugeben und unterrühren.

3 Dann Kokosöl, Apfelmus und Joghurt hinzufügen und alles vermengen. Zuletzt Haferflocken, Mehl, Natron und 1 Prise Salz dazugeben und alles zu einem glatten Teig verrühren.

4 Den Teig auf die Mulden der Muffinform verteilen. Die Muf-fins nach Belieben mit Haferflocken und gehackten Walnüssen bestreuen und im Ofen (Mitte) 20–25 Min. backen. Die Muffins aus dem Ofen nehmen und kurz abkühlen lassen, dann aus den Mulden lösen und vollständig auskühlen lassen.

MEHR DARAUS MACHEN

Die Muffins schmecken vor allem im Herbst und Winter lecker mit 1 Prise Zimtpulver für ein bisschen Weihnachts-stimmung. Wer keine Möhren mag, reibt stattdessen diesel-be Menge Apfel in den Teig.

Für ca. 150 g (5 Portionen) • 5 Min. Zubereitung •
Pro Portion ca. 175 kcal, 2 g EW, 17 g F, 2 g KH

Für ca. 200 g (7 Portionen) • 5 Min. Zubereitung •
Pro Portion ca. 60 kcal, 3 g EW, 4 g F, 4 g KH

TOMATEN-BUTTER ◖

SCHNELL

50 g getrocknete Tomaten (in Öl eingelegt) •
1 Knoblauchzehe • 100 g kalte Butter • Salz

1 Die Tomaten abtropfen lassen und in grobe Stücke hacken. Den Knoblauch schälen und durch die Presse drücken.

2 Tomaten, Knoblauch, Butter und 1 Prise Salz in den Blitzhacker geben und alles solange mixen, bis die Zutaten gut vermischt sind. Zum Servieren in eine kleine Schale füllen.

3 Die Tomatenbutter passt zu geröstetem Brot, Hähnchenbrustfilet, Fisch oder mediterranem Gemüse. Sie hält sich gekühlt ca. 1 Woche.

ERBSEN-MANDEL-CREME ◖

VITAMINREICH

175 g TK-Erbsen • 2 Stängel Basilikum •
2 EL Mandelmus • Salz • Chiliflocken

1 Die Erbsen in eine Schüssel geben und mit so viel kochendem Wasser übergießen, dass die Erbsen vollständig davon bedeckt sind. Alles ca. 30 Sek. ziehen lassen, dann die Erbsen in ein Sieb abgießen, abtropfen lassen und in den Blitzhacker geben.

2 Das Basilikum waschen, trocken tupfen und die Blätter abzupfen. Die Basilikumblätter mit Mandelmus, jeweils 1 Prise Salz und Chili zu den Erbsen geben und alles grob pürieren.

3 Die Creme nochmals mit Salz und Chili abschmecken. Zum Servieren in eine kleine Schale füllen. Die Creme passt zu Pausenbroten und schmeckt als Dip. Sie hält sich gekühlt 2–3 Tage.

Für ca. 370 g (12 Portionen) • 10 Min. Zubereitung •
5 Min. Garen • 1 Std. Ruhen •
Pro Portion ca. 150 kcal, 2 g EW, 12 g F, 9 g KH

KOKOS-SCHOKO-CREME 🌿

NUSSIG-SÜSS

100 g Haselnusskerne • 100 g Zartbitter-Schoko-
lade (70 % Kakaogehalt) • 125 ml Kokosmilch •
4 EL Honig • 2 EL flüssiges natives Kokosöl

1 Backofen auf 180° vorheizen. Nüsse auf einem
Backblech im Ofen (Mitte) ca. 5 Min. rösten.
Herausnehmen und in einem Küchenhandtuch
aneinanderreiben, sodass sich die Schalen lösen.

2 Schokolade grob hacken und in eine Schüssel
geben. Die Kokosmilch kurz aufkochen, über die
Schokolade gießen und ca. 5 Min. ruhen lassen.
Dann alles mit einem Schneebesen glatt verrühren. Honig und Kokosöl untermischen.

3 Die Nüsse im Blitzhacker fein mahlen. Den
Schoko-Mix solange untermixen, bis alles gut
verbunden ist. Creme in ein sauberes Schraubglas füllen und ca. 1 Std. ruhen lassen, bis sie
streichfest ist. Sie hält sich gekühlt 2–3 Wochen.

Für ca. 200 g (8 Portionen) • 15 Min. Zubereitung •
30 Min. Quellen •
Pro Portion ca. 30 kcal, 1 g EW, 1 g F, 5 g KH

HIMBEER-CHIA-KONFITÜRE 🌿

FRUCHTIG

200 g Himbeeren (frisch oder TK) • 2 EL Ahorn-
sirup • 1,5 EL Chia-Samen

1 Die Himbeeren verlesen und waschen (TK-
Ware direkt verwenden). Dann mit 2 EL Wasser in
einen Topf geben und bei kleiner Hitze 5–10 Min.
köcheln lassen, bis sie zusammenfallen. Den
Ahornsirup hinzufügen und unterrühren, den
Topf vom Herd nehmen.

2 Die Himbeeren mit einer Gabel zerdrücken
und die Chia-Samen unterrühren. Die Konfitüre
ca. 30 Min. quellen lassen, dann in ein sauberes
Schraubglas füllen und kühl aufbewahren. Sie
hält sich ca. 1 Woche.

Für 2 Personen • 20 Min. Zubereitung • Pro Portion ca. 495 kcal, 19 g EW, 12 g F, 75 g KH

WRAPS MIT ROTEM HUMMUS

PROTEINREICH

100 g Kichererbsen
(aus der Dose)
2 EL Tahin (Sesampaste)
100 g vorgegarte Rote Bete
(vakuumverpackt)
1 kleine Knoblauchzehe
½ Zitrone
ca. 2 EL Rote-Bete-Saft
Salz
50 g Blattspinat
4 Tortillas (Weizenfladen)
4 EL körniger Frischkäse

1 Die Kichererbsen in einem Sieb abbrausen und gut abtropfen lassen. Dann mit dem Tahin in den Blitzhacker geben. Die Rote Bete in grobe Stücke schneiden und hinzufügen. Die Knoblauchzehe schälen und dazupressen. Die Zitronenhälfte auspressen und den Saft dazugießen.

2 Alles zu einem glatten Hummus pürieren, dabei so viel Rote-Bete-Saft hinzufügen, bis die gewünschte Konsistenz erreicht ist. Mit Salz abschmecken.

3 Den Spinat verlesen, waschen und tropfen tupfen. Die Tortillas nach Packungsanweisung in einer Pfanne ohne Fett oder im Mikrowellenherd erwärmen. Herausnehmen und mit dem Rote-Bete-Hummus bestreichen. Dann jeweils ein Viertel von Spinat und Hüttenkäse darauf verteilen und kompakt aufrollen.

Für 2 Personen • 15 Min. Zubereitung • Pro Portion ca. 250 kcal, 10 g EW, 18 g F, 10 g KH

MÖHREN-KICHERERBSEN-SALAT

SCHNELL

1 große Möhre (ca. 150 g)
75 g Schafskäse (z. B. Feta)
1 Frühlingszwiebel
6 Stängel Koriandergrün
1 Dose Kichererbsen
    (120 g Abtropfgewicht)
2 EL Zitronensaft
2 EL Olivenöl
Salz
¼ TL gemahlener Kreuz-
    kümmel

1 Die Möhre putzen, schälen und auf der Gemüsereibe grob raspeln. Die Möhrenraspel in eine Schüssel geben. Den Feta mit den Händen dazukrümeln.

2 Die Frühlingszwiebel putzen, waschen und in dünne Ringe schneiden. Den Koriander waschen, trocken tupfen, die Blätter abzupfen und grob hacken. Die Kichererbsen in einem Sieb abbrausen und gut abtropfen lassen. Frühlingszwiebel, Koriander und Kichererbsen in die Schüssel dazugeben.

3 Den Zitronensaft mit Öl, 1 Prise Salz und Kreuzkümmel über den Salat geben. Alles gut mischen und sofort servieren oder zum Mitnehmen in eine gut schließende Plastik-Box füllen. Der Salat schmeckt auch als Füllung für Wraps oder Fladenbrot.

EINFACH UND GÜNSTIG NACH DER UNI

SHAKSHUKA MIT PAPRIKA UND EI 🌿

AUS ISRAEL

1 kleine Zwiebel
3 Knoblauchzehen
1 grüne Paprika
2 EL Olivenöl
1 TL Kreuzkümmelsamen
1 Prise Zimtpulver
1 TL rosenscharfes Paprikapulver
1 Dose stückige Tomaten (400 g)
½ TL Salz
4 Eier (M)
6 Stängel Koriandergrün

1 Zwiebel und Knoblauch schälen und fein würfeln. Die Paprika waschen, halbieren, weiße Trennwände und Kerne entfernen, die Hälften würfeln.

2 Das Öl in einem Topf erhitzen und Zwiebel, Knoblauch und Paprika darin bei großer Hitze unter Rühren scharf anbraten, sodass das Gemüse etwas Farbe bekommt. Die Hitze auf mittlere Temperatur reduzieren, die Gewürze hinzufügen und alles noch ca. 5 Min. kochen lassen.

3 Dann die Tomaten dazugeben, die leere Dose zur Hälfte mit Wasser füllen (ca. 200 ml) und über das Gemüse gießen. Alles mit Salz würzen und offen noch ca. 10 Min. köcheln lassen, bis die Sauce leicht eingedickt ist. Dabei ab und zu umrühren.

4 Mit einem großen Löffel vier Mulden in die Sauce drücken, die Eier aufschlagen und jeweils vorsichtig in eine Mulde gleiten lassen. Den Deckel auf den Topf setzen und alles noch 3–5 Min. weitergaren, bis das Eiweiß gestockt und das Eigelb noch flüssig ist.

5 Inzwischen das Koriandergrün waschen, trocken tupfen, die Blätter abzupfen und fein hacken. Das Shakshuka mit Koriander bestreuen und sofort servieren, dazu passt auch zerkrümelter Feta.

Für 2 Personen • 15 Min. Zubereitung • 30 Min. Garen • Pro Portion ca. 270 kcal, 17 g EW, 6 g F, 31 g KH

LINSEN-BOLOGNESE 🍃

VEGAN

1 Schalotte
1 Knoblauchzehe
75 g Möhren
1 Stange Staudensellerie
1 EL Olivenöl
200 g Tomaten
1 geh. TL Gemüsebrühe
  (Instant)
125 g grüne Linsen
1 geh. TL Tomatenmark
2 Lorbeerblätter
Salz, Pfeffer

1 Schalotte und Knoblauch schälen und fein würfeln. Möhre und Sellerie putzen, waschen und in kleine Würfel schneiden. Das Öl in einem Topf bei mittlerer Hitze erwärmen und das Gemüse darin 5–10 Min. unter Rühren anschwitzen.

2 Inzwischen die Tomaten waschen und in grobe Stücke schneiden, dabei die Stielansätze entfernen. In einem Topf 400 ml Wasser aufkochen und die Brühe darin auflösen. Die Linsen zum Gemüse hinzufügen und ca. 2 Min. mit anschwitzen. Dann Tomatenstücke, Tomatenmark, Brühe und Lorbeerblätter hinzufügen.

3 Alles aufkochen und leicht mit Salz und Pfeffer würzen, dann offen bei mittlerer bis kleiner Hitze ca. 30 Min. köcheln lassen, bis die Linsen weich sind und die Sauce eingedickt ist. Die Lorbeerblätter entfernen und die Bolognese mit Salz und Pfeffer abschmecken. Schmeckt super zu Pasta, Kartoffelpüree oder einfach ohne alles.

Für 2 Personen • 40 Min. Zubereitung • Pro Portion ca. 645 kcal, 19 g EW, 32 g F, 68 g KH

CURRY MIT SÜSSKARTOFFELN ♦

SCHARF

1 kleine rote Paprika
1 große Süßkartoffel
200 g Brokkoli
1 Stück Ingwer (3 cm lang)
1 EL natives Kokosöl
2 EL rote Thai-Currypaste
250 ml Kokosmilch
250 ml Gemüsebrühe
3 EL rote Linsen (ersatzweise gelbe Linsen)
Salz
1 TL Limettensaft

1 Die Paprika waschen, halbieren, weiße Trennwände und Kerne entfernen, die Hälften in Würfel schneiden. Die Süßkartoffel putzen, schälen und in ca. 3 cm große Würfel schneiden. Brokkoli putzen, waschen und in Röschen zerteilen, große Exemplare zerkleinern.

2 Den Ingwer schälen und fein würfeln. Das Öl in einem Topf erhitzen und den Ingwer darin bei mittlerer Hitze ca. 5 Min. anbraten. Die Currypaste hinzufügen und kurz mit anbraten. Kokosmilch und Brühe hinzufügen und alles gut vermengen.

3 Paprika, Süßkartoffel und Linsen dazugeben und alles mit schräg aufgesetztem Deckel bei kleiner bis mittlerer Hitze ca. 15 Min. garen. Dann den Brokkoli hinzufügen und alles noch ca. 5 Min. kochen. Zum Servieren das Curry mit Salz und Limettensaft abschmecken und auf tiefe Teller verteilen. Dazu passt gehacktes Koriandergrün oder Thai-Basilikum zum Garnieren.

KUMPIR MIT TSATSIKI UND ROTKOHL 🍃

EINFACH

FÜR DIE KARTOFFELN

*2 vorwiegend festkochende
    Kartoffeln (à ca. 200 g)*
1 TL Olivenöl
Salz

FÜR DAS TSATSIKI

5 EL Joghurt (3,8 % Fett)
1 Knoblauchzehe
½ Salatgurke (ca. 175 g)
Salz

AUSSERDEM

75 g Rotkohl
2 Frühlingszwiebeln
2 EL Butter
2 EL Granatapfelkerne

KARTOFFELN: Den Backofen auf 200° vorheizen. Die Kartoffeln gründlich waschen, rundum mit dem Öl einreiben und mit Salz bestreuen. In Backpapier vollständig einwickeln und im Ofen (Mitte) 70–80 Min. backen, bis sie innen weich sind und die Schale schrumpelig und knusprig ist.

TSATSIKI: Inzwischen den Joghurt in eine Schüssel geben, den Knoblauch schälen und dazupressen. Die Gurke waschen und auf der Gemüsereibe fein raspeln. Die Gurkenraspel in ein Sieb geben und das Wasser mit den Händen kräftig auspressen. Anschließend die Gurke mit dem Knoblauchjoghurt verrühren und das Tsatsiki mit Salz abschmecken.

FERTIGSTELLEN: Rotkohl und Frühlingszwiebeln putzen, waschen und in sehr feine Streifen schneiden. Die Kartoffeln aus dem Ofen nehmen, auf Teller setzen und in der Mitte einschneiden, aber nicht durchschneiden. Mit einer Gabel das Kartoffelinnere etwas auflockern und jeweils 1 EL Butter auf jede Kartoffel geben. Zum Servieren Rotkohl, Frühlingszwiebeln und Tsatsiki auf den Knollen verteilen und mit Granatapfelkernen bestreuen.

CANNELLINI-CHILI-EINTOPF 🌿

HERZHAFT

1 rote Zwiebel
3 Knoblauchzehen
1 kleine grüne Paprika
1 große Möhre (ca. 180 g)
1 Dose Cannellini-Bohnen
    (240 g Abtropfgewicht)
2 EL Olivenöl
3 TL Harissa (scharfe Würzpaste)
1 EL Tomatenmark
4 Zweige Thymian
2 Lorbeerblätter

GUT ZU WISSEN

Harissa ist eine nordafrikanische Paste aus Chilis, Kreuzkümmel, Koriandersamen, Knoblauch, Salz und Olivenöl. Es gibt sie in den meisten Supermärkten, alternativ kann man auch Sambal Oelek verwenden.

1 Zwiebel und Knoblauch schälen und in feine Würfel schneiden. Die Paprika waschen, halbieren, weiße Trennwände und Kerne entfernen, die Hälften in Würfel schneiden. Die Möhre putzen, schälen und in schmale Scheiben schneiden, dabei sehr große Scheiben nochmals quer halbieren. Die Bohnen in einem Sieb abbrausen und abtropfen lassen.

2 Das Öl in einem Topf erhitzen und Zwiebel und Knoblauch darin bei mittlerer Hitze ca. 5 Min. anschwitzen. Dann Paprika, Möhre und Bohnen dazugeben und alles noch ca. 5 Min. anschwitzen. Harissa, Tomatenmark und 500 ml Wasser hinzufügen und alles aufkochen.

3 Den Thymian waschen, trocken tupfen, die Blätter abzupfen und mit den Lorbeerblättern in den Topf geben. Die Hitze stark reduzieren und den Eintopf zugedeckt ca. 45 Min. köcheln lassen. Dabei ab und zu umrühren. Dazu passt ein Dip aus Joghurt, gemahlener Kurkuma, gehackter Petersilie, fein geriebener Bio-Zitronenschale und Salz.

Für 2 Personen • 5 Min. Zubereitung •
Pro Portion ca. 360 kcal, 10 g EW, 33 g F, 4 g KH

Für 2 Personen • 5 Min. Zubereitung •
Pro Portion ca. 345 kcal, 15 g EW, 9 g F, 21 g KH

GRÜNKOHL-PISTAZIEN-PESTO 🌿

VITAMINREICH

100 g Grünkohl • 1 Bio-Zitrone • 1 kleine Knoblauchzehe • 4 EL Olivenöl • 40 g gesalzene Pistazienkerne • 2 EL geriebener Parmesan

1 Den Grünkohl putzen, waschen und die harten Strünke entfernen. Die Blätter grob zerteilen. Die Zitrone waschen, abtrocknen, die Schale fein abreiben und den Saft auspressen.

2 Den Knoblauch schälen und mit Grünkohl, Zitronenschale und -saft, Öl und Pistazien im Blitzhacker (alternativ in einem hohen Rührbecher mit dem Pürierstab) zu einem Pesto mixen.

3 Zuletzt den Parmesan untermischen und das Pesto mit Pasta, Kartoffeln oder Reis servieren.

TOMATEN-CASHEW-PESTO 🌿

VEGAN

50 g weiße Bohnen (aus der Dose) • 100 g getrocknete Tomaten (in Öl eingelegt) • 75 g geröstete und gesalzene Cashewkerne • Chilipulver

1 Die Bohnen in einem Sieb abbrausen und gut abtropfen lassen. Die Tomaten abtropfen lassen, dabei das Öl auffangen und beiseitestellen.

2 Cashewkerne, getrocknete Tomaten und Bohnen im Blitzhacker (alternativ in einem hohen Rührbecher mit dem Pürierstab) cremig pürieren.

3 Etwas Einlegeöl von den Tomaten hinzufügen, um die Masse aufzulockern. Zuletzt das Pesto mit 1 Prise Chilipulver abschmecken und zu Pasta, geröstetem Toast, gegrilltem Halloumi oder Fisch genießen.

*Für 2 Personen • 10 Min. Zubereitung •
30 Min. Garen •
Pro Portion ca. 165 kcal, 6 g EW, 6 g F, 21 g KH*

*Für 2 Personen • 15 Min. Zubereitung •
Pro Portion ca. 505 kcal, 21 g EW, 44 g F, 5 g KH*

TOMATENSAUCE AUS DEM OFEN 🌿

ITALIENISCH

*1 kg Tomaten (z. B. Roma) • 2 Knoblauchzehen •
2 Schalotten • 1 EL Olivenöl • 1 TL Zucker •
½ TL getrockneter Oregano • Salz, Pfeffer •
4 Stängel Basilikum (nach Belieben)*

1 Backofen auf 200 °C vorheizen. Ein Backblech
mit Backpapier auslegen. Tomaten waschen und
halbieren, dabei Stielansätze entfernen. Knoblauch und Schalotten schälen und halbieren.
Alles mit Öl, Zucker und Oregano mischen, mit
Salz und Pfeffer würzen und auf dem Blech verteilen. Im Ofen (Mitte) ca. 30 Min. rösten.

2 Inzwischen nach Belieben Basilikum waschen,
trocken tupfen, die Blätter abzupfen und fein
hacken. Den Tomaten-Mix aus dem Ofen
nehmen, in den Standmixer füllen und pürieren.
Den Sugo mit Salz und Pfeffer abschmecken und
zuletzt das Basilikum untermischen. Am besten
mit Pasta servieren.

SCHINKEN-KÄSE-SAUCE

HERZHAFT

*50 g Frühstücksspeck (in Scheiben) • 1 Knob-
lauchzehe • 1 EL Butter • 200 g Kochsahne
(15 % Fett) • 100 g geriebener Käse
(z. B. 75 g Cheddar und 25 g Parmesan) • Salz,
Pfeffer • ½ TL getrockneter Thymian*

1 Den Speck in Streifen schneiden und in einer
Pfanne ohne Fett knusprig rösten. Herausneh-
men und auf Küchenpapier abtropfen lassen.
Inzwischen den Knoblauch schälen und in dünne
Scheiben schneiden.

2 Die Pfanne mit Küchenpapier auswischen und
die Butter darin bei mittlerer Hitze ca. 30 Sek.
anbraten. Die Sahne dazugießen und ca. 1 Min.
einköcheln lassen. Dann den Käse unterrühren.
Die Sauce bei kleiner Hitze noch solange köcheln
lassen, bis die gewünschte Konsistenz erreicht
ist. Vom Herd nehmen und den Speck unterrühren, dann mit Salz, Pfeffer und Thymian würzen.

OFENGEMÜSE MIT TAHIN-DIP UND QUINOA 🍃

EINFACH

FÜR DAS OFENGEMÜSE
1 gelbe Paprika
200 g Butternuss-Kürbis
1 kleine Aubergine
1 kleiner Zucchino
1 EL Olivenöl
Salz, Pfeffer

FÜR DIE QUINOA
75 g Quinoa
Salz

FÜR DEN DIP
200 g Joghurt (1,8 % Fett)
2 EL Tahin (Sesampaste)
1 Knoblauchzehe
1 Zitrone
Salz

OFENGEMÜSE: Den Backofen auf 180° vorheizen. Ein Backblech mit Backpapier auslegen. Paprika waschen, halbieren, weiße Trennwände und Kerne entfernen, die Hälften längs dritteln. Den Kürbis waschen und mit Schale in schmale Streifen schneiden (die Schale wird im Ofen schön weich). Aubergine und Zucchino putzen, waschen und in breite Scheiben schneiden. Das Gemüse auf dem Backblech verteilen. Mit Öl beträufeln und mit Salz und Pfeffer würzen. Im Ofen (Mitte) in ca. 40 Min. goldbraun garen.

QUINOA: Inzwischen die Quinoa in einem Sieb abbrausen und in einen Topf geben. 150 ml kaltes Wasser und 1 Prise Salz hinzufügen und alles zum Kochen bringen. Anschließend zugedeckt bei mittlerer Hitze ca. 15 Min. köcheln lassen. Dabei ab und zu umrühren.

DIP: Währenddessen Joghurt und Tahin vermengen. Die Knoblauchzehe schälen und dazupressen. Die Zitrone halbieren und auspressen, 2 EL Saft und 1 Prise Salz zum Dip geben und abschmecken. Wer den Dip flüssiger mag, fügt noch 2–3 EL kaltes Wasser hinzu.

FERTIGSTELLEN: Zum Servieren das Gemüse aus dem Ofen nehmen und auf Tellern anrichten. Quinoa und Tahin-Dip dazu reichen.

REISSALAT MIT MANGO UND LIMETTE ❧

EXOTISCH

100 g Langkorn-Reis
Salz
1 kleine, reife Mango
2 Frühlingszwiebeln
½ rote Chilischote
10 Stängel Minze
1 Bio-Limette
1 EL Olivenöl
1 EL Kokosraspel
3 EL Erdnusskerne
1 EL Röstzwiebeln (Fertigprodukt)

GUT ZU WISSEN

Reis vom Vortag lässt sich gut für Reissalate verwenden. Wichtig ist dabei, die Reste luftdicht zu verpacken und im Kühlschrank zu lagern. So wird der Reis nicht hart und ist 2–3 Tage haltbar.

1 Den Reis nach Packungsanweisung in Salzwasser bissfest garen. Anschließend in ein Sieb abgießen, abtropfen und abkühlen lassen.

2 Inzwischen die Mango schälen, das Fruchtfleisch vom Kern schneiden und klein würfeln. Die Frühlingszwiebeln putzen, waschen und in dünne Ringe schneiden. Die Chili waschen, halbieren, je nach gewünschter Schärfe weiße Trennwände und Kerne entfernen, die Hälften fein hacken. Die Minze waschen, trocken tupfen, die Blätter abzupfen und fein hacken. Alle Zutaten mit dem Reis in einer großen Schüssel mischen.

3 Die Limette waschen, abtrocknen und die Schale fein abreiben. Anschließend die Limette halbieren, den Saft auspressen und mit Öl und 1 Prise Salz in die Schüssel dazugeben, alles gründlich vermengen.

4 Die Kokosraspel in einer Pfanne ohne Fett goldbraun rösten, herausnehmen und abkühlen lassen. Die Erdnüsse hacken und mit Kokosraspeln und Röstzwiebeln zum Servieren für extra Crunch über den Salat geben.

*Für 2 Personen • 10 Min. Zubereitung •
20 Min. Garen •
Pro Portion ca. 235 kcal, 6 g EW, 9 g F, 33 g KH*

*Für 2 Personen • 35 Min. Zubereitung •
Pro Portion ca. 315 kcal, 11 g EW, 15 g F, 33 g KH*

BASIC-KARTOFFEL-PÜREE 🍃

GRUNDREZEPT

PÜREE MIT FETA UND OLIVEN 🍃

GRIECHISCH

*500 g mehligkochende Kartoffeln • Salz •
1 EL Butter • 125 ml Milch (3,5 % Fett)*

*500 g mehligkochende Kartoffeln • Salz •
40 g Kalamata-Oliven (entsteint) • 2 Stängel
Petersilie • ½ Bio-Zitrone • 1 EL Butter •
125 ml Milch (3,5 % Fett) • 50 g Schafskäse (Feta)*

1 Die Kartoffeln putzen, schälen, in Würfel schneiden und in Salzwasser in ca. 20 Min. weich garen. Abgießen und kurz ausdampfen lassen. Butter und Milch in den Topf dazugeben und alles bei mittlerer Hitze erwärmen.

2 Dann die Kartoffeln mit dem Kartoffelstampfer nach Belieben grob oder fein zerstampfen. Zuletzt das Püree mit Salz abschmecken.

1 Die Kartoffeln putzen, schälen, würfeln und in Salzwasser in ca. 20 Min. weich garen. Abgießen und kurz ausdampfen lassen.

2 Inzwischen Oliven in Ringe schneiden. Petersilie waschen, trocken tupfen, Blätter abzupfen und fein hacken. Zitrone waschen, abtrocknen, Schale fein abreiben, Zitrone auspressen.

3 Butter und Milch in den Topf zu den Kartoffeln geben und alles bei mittlerer Hitze erwärmen. Kartoffeln mit dem Kartoffelstampfer grob oder fein zerstampfen, salzen. Oliven, Petersilie, Zitronensaft und -schale unter das Püree mischen, Feta mit den Händen darüberkrümeln.

Für 2 Personen • 35 Min. Zubereitung •
Pro Portion ca. 390 kcal, 9 g EW, 23 g F, 36 g KH

Für 2 Personen • 35 Min. Zubereitung •
Pro Portion ca. 245 kcal, 10 g EW, 15 g F, 18 g KH

GRÜNKOHL-KARTOF-FEL-PÜREE ◖

WINTER-REZEPT

500 g mehligkochende Kartoffeln • 2 Knoblauch-zehen • Salz • 1 EL Pinienkerne • 1 Früh-lingszwiebel • 75 g Grünkohl • 25 g Butter • 50 g Sahne • 75 ml Milch (3,5 % Fett) • Pfeffer

1 Kartoffeln und Knoblauch schälen, Kartoffeln würfeln. Beides in Salzwasser in ca. 20 Min. weich garen. Pinienkerne in einer Pfanne ohne Fett anrösten, herausnehmen und abkühlen lassen.

2 Die Frühlingszwiebel putzen, waschen und in dünne Ringe schneiden. Den Grünkohl putzen, waschen, harte Strünke entfernen, Blätter klein schneiden. Beides in einer Pfanne in 1 EL Butter 3–5 Min. knusprig anbraten.

3 Die Kartoffeln abgießen, ausdampfen lassen und stampfen. Übrige Butter, Sahne, Milch und Grünkohl-Mix unterrühren. Mit Salz und 1 Prise Pfeffer würzen, mit Pinienkernen bestreuen.

KARTOFFEL-BLUMEN-KOHL-PÜREE ◖

GÜNSTIG

250 g mehligkochende Kartoffeln • 250 g Blu-menkohl • ½ TL Gemüsebrühe (Instant) • 1 EL Butter • 2 EL Schmand • 2,5 EL geriebener Parmesan • ½ Bund Schnittlauch • Pfeffer

1 Die Kartoffeln putzen, schälen und würfeln. Blumenkohl putzen, waschen und in Röschen zerteilen. Beides in Salzwasser in ca. 20 Min. weich garen. Abgießen und kurz ausdampfen lassen, dabei ca. 150 ml Kochsud auffangen.

2 Kartoffeln und Blumenkohl fein zerstampfen. Die Brühe im Kochsud auflösen und mit Butter, Schmand und Parmesan in den Topf geben. Alles zu einem glatten Püree verrühren.

3 Zuletzt den Schnittlauch waschen, trocken tupfen und in feine Röllchen schneiden. Das Püree zum Servieren mit dem Schnittlauch und 1 Prise Pfeffer bestreuen.

CHILI-ERDNUSS-HÄHNCHEN VOM BLECH

EINFACH

je 1 rote und gelbe Paprika
250 g Hokkaido-Kürbis
5 Frühlingszwiebeln
1 rote Chilischote
1 Limette
3 Knoblauchzehen
75 g Erdnussmus
2 EL Ahornsirup
3 EL Sojasauce
2 Hähnchenbrustfilets (ca. 350 g)

GU CLOU

Dieses Ofengericht ist so genial, weil man einfach alle Zutaten direkt auf ein tiefes Backblech gibt, mit der Würzsauce mischt und – tada!!! – nach nicht mehr als 30–40 Min. steht das Essen auf dem Tisch. Dabei zieht die Sauce beim Garen im Ofen wunderbar durch Fleisch und Gemüse – für ein extrastarkes Aroma.

1 Den Backofen auf 180° vorheizen. Die Paprikas waschen, halbieren, weiße Trennwände und Kerne entfernen, die Hälften in mundgerechte Stücke schneiden. Den Kürbis putzen, waschen und mit Schale in schmale Streifen schneiden. Die Frühlingszwiebeln putzen, waschen, die grünen Teile beiseitelegen, die weißen Teile in ca. 5 cm lange Stücke schneiden.

2 Die Chili waschen, halbieren, weiße Trennwände und Kerne entfernen, die Hälften in schmale Ringe schneiden. Die Limette halbieren und auspressen. Die Knoblauchzehen schälen und in einen kleinen Topf pressen. Chili, Limettensaft, Erdnussmus, Ahornsirup und Sojasauce dazugeben und alles bei mittlerer Hitze unter Rühren solange erwärmen, bis sich das Erdnussmus aufgelöst hat und alle Zutaten verbunden sind.

3 Die Hähnchenbrustfilets in 3–4 lange Streifen schneiden und mit dem Gemüse auf einem Backblech verteilen. Die Erdnusssauce darübergeben und alles gut mischen, sodass Gemüse und Hähnchen rundum von Sauce überzogen sind. Dabei sollten die Hähnchenstreifen am besten auf dem Gemüse liegen. Anschließend alles im Ofen (Mitte) in 30–35 Min. goldbraun garen.

4 Inzwischen das beiseitegelegte Grün der Frühlingszwiebeln in dünne Ringe schneiden. Das Blech aus dem Ofen nehmen, Fleisch und Gemüse auf Tellern anrichten und zum Servieren mit den Frühlingszwiebelringen bestreuen.

Für 2 Personen • 30 Min. Zubereitung • Pro Portion ca. 480 kcal, 31 g EW, 21 g F, 43 g KH

HUHN MIT CORNFLAKES-PANADE

KNUSPRIG

200 g Hähnchenbrustfilet
Salz, Pfeffer
1 Ei (L)
100 g ungesüßte Cornflakes
100 ml Sonnenblumenöl zum
*   Braten*

1 Das Hähnchenbrustfilet längs in breite Streifen schneiden und rundherum mit Salz und Pfeffer würzen. Das Ei in einem tiefen Teller mit einer Gabel verquirlen und ebenfalls mit Salz und Pfeffer würzen.

2 Die Cornflakes im Blitzhacker grob zermahlen und auf einen weiteren tiefen Teller geben. Die Hähnchenbruststreifen zuerst im verquirlten Ei wenden und anschließend in den Cornflakes wälzen.

3 Das Öl in einer Pfanne bei mittlerer bis großer Hitze erwärmen und die Hähnchenbruststreifen darin in 4–5 Min. goldbraun braten. Herausnehmen und auf einem mit Küchenpapier ausgelegten Teller abtropfen lassen. Dazu passt ein knackiger Salat oder einfach Ketch-up – fertig!

Für 2 Personen • 25 Min. Zubereitung • 25 Min. Garen • Pro Portion ca. 780 kcal, 26 g EW, 64 g F, 24 g KH

KOHLAUFLAUF MIT KABANOSSI

HERBST-REZEPT

*200 g vorwiegend festkochende
 Kartoffeln*
Salz
100 g Grünkohl
200 g Spitzkohl
1 kleine Zwiebel
*100 g Kabanossi (würzige
 polnische Wurst)*
1 EL Butter
1 EL Mehl
150 ml Hühnerbrühe
150 g Sahne
Pfeffer
75 g geriebener Bergkäse

1 Den Backofen auf 200° vorheizen. Die Kartoffeln putzen, schälen, ca. 3 cm groß würfeln und in Salzwasser in ca. 15 Min. bissfest garen. Dann abgießen und kurz ausdampfen lassen. Inzwischen beide Kohlsorten putzen, waschen, die harten Strünke entfernen und die Blätter in schmale Streifen schneiden. Die Zwiebel schälen und fein würfeln. Die Kabanossi in schmale Scheiben schneiden.

2 Kohl, Zwiebel und Kabanossi in einer Pfanne in der Butter in 5–10 Min. goldbraun anrösten. Das Mehl darüberstreuen und untermischen. Brühe und Sahne dazugießen und alles kurz aufkochen, sodass die Flüssigkeit leicht andickt. Mit Salz und Pfeffer würzen.

3 Die Kartoffeln in einer Auflaufform (25 × 35 cm) verteilen, den Kohl-Wurst-Mix darübergeben und alles mit Käse bestreuen. Den Auflauf im Ofen (Mitte) in 20–25 Min. goldbraun backen. Herausnehmen und vor dem Servieren kurz abkühlen lassen.

1

2

3

BULETTEN MIT ERBSENSTAMPF UND RÖSTZWIEBELN

KLASSIKER

4

5

6

FÜR DIE ZWIEBELRINGE

2 Zwiebeln
1 TL Mehl
1 EL Butter

FÜR DIE BULETTEN

1 Zwiebel
50 g Semmelbrösel
120 ml Milch (3,5 % Fett)
2 Knoblauchzehen
300 g gemischtes Hackfleisch
1 Ei (S)
1 EL mittelscharfer Senf
Salz, Pfeffer
1 EL Butter

FÜR DEN STAMPF

300 g TK-Erbsen
Salz
1 EL Butter
Pfeffer

ZWIEBELRINGE: Die Zwiebeln schälen und in möglichst dünne Ringe schneiden. Anschließend im Mehl wenden und beiseitestellen (Bild 1).

BULETTEN: Die Zwiebel schälen und in feine Würfel schneiden. Semmelbrösel und Milch in einer großen Schüssel mischen. Den Knoblauch schälen und dazupressen. Das Hackfleisch mit Zwiebelwürfeln, Ei und Senf zum Semmelbrösel-Milch-Mix dazugeben, kräftig mit Salz und Pfeffer würzen und alles gründlich verkneten (Bild 2).

Aus der Hackmasse mit angefeuchteten Händen 6 Buletten formen. Die Butter in einer Pfanne bei mittlerer Hitze erwärmen und die Buletten darin auf beiden Seiten ca. 5 Min. braten (Bild 3). Herausnehmen und warm halten.

STAMPF: Inzwischen die Erbsen in Salzwasser ca. 2 Min. garen, bis sie aufgetaut sind. In ein Sieb abgießen und abtropfen lassen, dabei ca. 100 ml Kochsud auffangen (Bild 4). Die Erbsen mit Kochsud und Butter grob stampfen, mit Salz und Pfeffer würzen.

FERTIGSTELLEN: Die beiseitegestellten Zwiebelringe in der Pfanne von den Buletten in der Butter knusprig braten, herausnehmen und auf Küchenpapier abtropfen lassen (Bild 5). Zum Servieren den Stampf und die Buletten auf Tellern anrichten und mit den Zwiebelringen garnieren.

ESSEN MIT FREUNDEN

NUDELSALAT MIT KICHERERBSEN UND ZIEGENKÄSE 🍃

SCHMECKT KALT ODER WARM

400 g Spirelli-Nudeln
Salz
400 g Zucchini
600 g Kichererbsen (aus der Dose)
1 EL Olivenöl
Pfeffer
3 EL Pesto Genovese
200 g Ziegenfrischkäserolle

1 Die Spirelli nach Packungsanweisung in Salzwasser bissfest garen. Inzwischen die Zucchini putzen, waschen und in kleine Würfel schneiden. Die Kichererbsen in einem Sieb abbrausen und abtropfen lassen.

2 Das Öl in einer großen Pfanne erhitzen und die Zucchini-würfel darin ca. 3 Min. unter Rühren anbraten. Die Kichererbsen hinzufügen und alles mit Salz und Pfeffer würzen. Weitere 5 Min. braten, bis Zucchini und Kichererbsen angeröstet sind, dabei ab und zu umrühren.

3 Die Spirelli in ein Sieb abgießen und abtropfen lassen, dabei ca. 300 ml Kochwasser auffangen. Die Spirelli zurück in den Topf geben und mit dem Kochwasser und dem Pesto vermengen. Kichererbsen und Zucchini hinzufügen und alles erneut mischen.

4 Den Ziegenkäse mit den Händen in kleine Stücke teilen und über der Spirelli-Mischung verteilen. Den Nudelsalat warm oder kalt servieren.

Für 4 Personen • 50 Min. Zubereitung • Pro Portion ca. 480 kcal, 14 g EW, 31 g F, 34 g KH

DEFTIGE KARTOFFELSUPPE

GÜNSTIG

1 Zwiebel
1 kg mehligkochende
  Kartoffeln
1 EL Butter
150 g TK-Suppengrün
1,25 l Gemüsebrühe
6 Wiener Würstchen
Salz, Pfeffer
1 Bund Schnittlauch
125 g saure Sahne

1 Die Zwiebel schälen und fein würfeln. Die Kartoffeln putzen, schälen und in ca. 2 cm große Würfel schneiden. Die Butter in einem großen Topf erhitzen und die Zwiebelwürfel darin ca. 5 Min. anschwitzen. Das tiefgekühlte Suppengrün und die Kartoffelwürfel hinzufügen und die Brühe dazugießen.

2 Alles zugedeckt bei kleiner Hitze ca. 30 Min. köcheln lassen. Inzwischen die Wiener Würstchen in schmale Scheiben schneiden und ca. 5 Min. vor Ende der Kochzeit in den Topf dazugeben. Die Kartoffelsuppe mit Salz und Pfeffer abschmecken, den Topf vom Herd nehmen und alles zugedeckt noch ca. 10 Min. ziehen lassen.

3 Währenddessen den Schnittlauch waschen, trocken tupfen und in feine Röllchen schneiden. Zum Servieren die Suppe auf tiefe Teller verteilen und jeweils mit 1 Klecks saurer Sahne und dem Schnittlauch garnieren.

Für 4 Personen • 25 Min. Zubereitung • Pro Portion ca. 700 kcal, 37 g EW, 13 g F, 108 g KH

ONE-POT-PASTA MIT SPECK

SCHNELL

1 große Zwiebel
3 Knoblauchzehen
10 Scheiben durchwachsener
  Speck (ca. 120 g)
250 ml Milch (3,5 % Fett)
1,2 l Hühnerbrühe
500 g Penne
1 Bio-Zitrone (nur die Schale)
350 g TK-Erbsen
150 g körniger Frischkäse
4 EL geriebener Parmesan

1 Zwiebel und Knoblauch schälen und fein würfeln. Den Speck in Streifen schneiden und in einem großen Topf knusprig braten. Den Speck mit einer Schöpfkelle aus dem Topf nehmen und auf einem mit Küchenpapier ausgelegten Teller abtropfen lassen.

2 Die Hitze reduzieren und Zwiebel und Knoblauch im Topf vom Speck ca. 5 Min. anbraten. Milch und Brühe dazugießen und alles aufkochen. Die Penne in den Topf geben und offen bei kleiner Hitze in ca. 10 Min. bissfest garen. Inzwischen die Zitrone waschen, abtrocknen und die Schale fein abreiben.

3 Dann die tiefgekühlten Erbsen zu den Nudeln hinzufügen, alles nochmals umrühren, sodass die Erbsen auftauen können. Dann den Topf vom Herd nehmen. Zum Servieren die beiseitegestellten Speckstreifen, Hüttenkäse und Zitronenschale untermischen. Die Pasta auf Teller verteilen und mit Parmesan bestreuen.

Für 4 Personen • 30 Min. Zubereitung • Pro Portion ca. 405 kcal, 18 g EW, 18 g F, 42 g KH

GRÜNE SAUCE MIT KARTOFFELN 🌿

KLASSIKER

1 kg festkochende Kartoffeln
6 Eier (M)
je 1 Bund Schnittlauch,
    Petersilie und Dill
250 g griechischer Joghurt
    (10 % Fett)
1 EL Olivenöl
1 Knoblauchzehe
1 TL Apfelessig
Salz, Pfeffer
1 TL mittelscharfer Senf

1 Die Kartoffeln gründlich waschen, mit Schale in einem Topf mit Wasser aufkochen und in 20–30 Min. weich garen. Sie sind fertig, wenn ein Schälmesser, das man in die Mitte der Kartoffel sticht, sich wieder leicht herausziehen lässt. Dann abgießen, kurz ausdampfen lassen und in einer Schüssel auf den Tisch stellen. Inzwischen die Eier in einem weiteren Topf je nach gewünschtem Härtegrad 4–6 Min. garen. Die Eier kalt abschrecken und abkühlen lassen.

2 Für die grüne Sauce die Kräuter waschen, trocken tupfen und die Blätter bzw. Spitzen abzupfen. Dann mit Joghurt und Öl im Blitzhacker (alternativ in einem hohen Rührbecher mit dem Pürierstab) fein pürieren. Den Knoblauch schälen und dazupressen. Die Sauce mit Essig, Salz, Pfeffer und Senf abschmecken.

3 Zum Servieren die Eier pellen und halbieren. Mit der grünen Sauce zu den Pellkartoffeln genießen.

Für 4 Personen • 45 Min. Zubereitung • Pro Portion ca. 415 kcal, 9 g EW, 35 g F, 14 g KH

TOMATEN-KOKOS-CURRY

ASIATISCH

4 Knoblauchzehen
1 Stück Ingwer (6 cm lang)
2 rote Zwiebeln
2 grüne mittelscharfe Chili-schoten
1 kg Tomaten (z. B. Roma)
4 EL natives Kokosöl
3 TL gelbe Senfsamen
2 TL Madras-Currypulver
500 ml Kokosmilch
Salz
10 Stängel Koriandergrün

1 Knoblauch, Ingwer und Zwiebeln schälen und in sehr feine Würfel schneiden. Die Chilis waschen, halbieren, je nach gewünschter Schärfe weiße Trennwände und Kerne entfernen, die Hälften in schmale Ringe schneiden. Die Tomaten waschen, halbieren und in Streifen schneiden, dabei Stielansätze und Kerne entfernen.

2 Das Öl in einem schweren Topf (oder einer tiefen Pfanne) bei mittlerer Hitze erwärmen und Knoblauch, Ingwer, Zwiebeln und Chilis darin ca. 5 Min. anbraten. Die Senfsamen und das Currypulver hinzufügen und ca. 1 Min. mit anbraten. Die Hitze reduzieren, Tomaten, Kokosmilch, 1 Prise Salz und 150 ml Wasser hinzufügen und alles offen ca. 20 Min. kocheln lassen. Dabei ab und zu umrühren.

3 Inzwischen den Koriander waschen, trocken tupfen und samt Stielen fein hacken. Zum Servieren das Curry mit Koriander bestreuen, dazu passt Reis oder Naan-Brot.

Für 12 Personen • 20 Min. Zubereitung • 5 Min. Garen • Pro Portion ca. 145 kcal, 10 g EW, 8 g F, 9 g KH

HÄHNCHEN-TACOS MIT SALSA

FEURIG

1 Zwiebel
350 g Hähnchenbrustfilet
4 EL Olivenöl
1 Prise Cayennepfeffer
1 TL edelsüßes Paprikapulver
1 TL gemahlener Kreuz-
* kümmel*
Salz, Pfeffer
12 Tacoschalen
100 g geriebener Gouda
2 Tomaten
1 Frühlingszwiebel

1 Den Backofen auf 180° (Umluft) vorheizen. Die Zwiebel schälen und fein würfeln. Das Hähnchenbrustfilet in kleine Würfel schneiden. In einer Pfanne 3 EL Öl erhitzen und die Zwiebel darin bei mittlerer Hitze ca. 3 Min. anschwitzen. Hähnchen, Cayennepfeffer, Paprikapulver und Kreuzkümmel dazugeben und alles mit Salz und Pfeffer würzen. Unter Rühren noch ca. 3 Min. braten.

2 Die Tacoschalen mit der Öffnung nach oben in einer Auflaufform (ca. 30 × 36 cm) stabil nebeneinanderstellen. Mit dem Hähnchen-Mix füllen und mit Käse bestreuen. Dann im Ofen (Mitte) in 3–5 Min. goldbraun backen. Herausnehmen und kurz abkühlen lassen.

3 Inzwischen für die Salsa die Tomaten waschen und würfeln, dabei Stielansätze entfernen. Frühlingszwiebel putzen, waschen und in schmale Ringe schneiden. Beides mit dem übrigen Öl mischen, mit Salz und Pfeffer würzen. Die Tacoschalen mit der Salsa servieren.

Für 4 Personen • 30 Min. Zubereitung • Pro Portion ca. 575 kcal, 21 g EW, 18 g F, 77 g KH

WAFFEL-QUESADILLAS 🌿

TEX-MEX

1 kleine rote Zwiebel
2 Knoblauchzehen
2 EL Olivenöl
1 Dose schwarze Bohnen
    (240 g Abtropfgewicht)
1 TL Kreuzkümmelsamen
Cayennepfeffer
Salz
1 Bund Koriandergrün
2 Tomaten
6 Tortillas (Weizenfladen)
120 g geriebener Hartkäse
    (z. B. Cheddar)

1 Zwiebel und Knoblauch schälen, würfeln, in einer Pfanne im Öl bei mittlerer Hitze ca. 5 Min. anschwitzen, vom Herd nehmen. Bohnen in einem Sieb abbrausen und abtropfen lassen, mit Kreuzkümmel und je 1 Prise Cayennepfeffer und Salz dazugeben. 150 ml Wasser hinzufügen und noch 3–5 Min. köcheln lassen.

2 Den Bohnen-Mix mit dem Kartoffelstampfer grob zerdrücken. Das Koriandergrün waschen, trocken tupfen und samt Stielen fein hacken. Die Tomaten waschen und würfeln, dabei die Stielansätze entfernen. Das Koriandergrün mit den Tomaten unter den Bohnen-Mix mischen und alles mit Salz und Cayennepfeffer würzen.

3 Waffeleisen vorheizen. 1 Tortilla einlegen, mit einem Drittel des Bohnen-Mix und 40 g Käse belegen. 1 weitere Tortilla darauflegen, das Waffeleisen schließen und die Quesadilla 2–3 Min. backen. Herausnehmen, vierteln und servieren. Mit dem Rest genauso verfahren.

Für 15 Personen • 15 Min. Zubereitung • 15 Min. Garen • Pro Portion ca. 220 kcal, 17 g EW, 9 g F, 17 g KH

HAWAII-TOASTBROT-RING

PARTY-REZEPT

15 Scheiben Buttertoast
2 EL Butter
15 Ananasringe (aus der Dose)
15 Scheiben Kochschinken
1 TL Chiliflocken
15 Scheiben Gouda

1 Den Backofen auf 175° vorheizen. Die Toastscheiben bei kleiner Hitze toasten und jeweils dünn mit Butter bestreichen. Die Ananasringe in einem Sieb gut abtropfen lassen.

2 Jede Toastscheibe mit 1 Scheibe Kochschinken belegen, darauf 1 Ananasring setzen und mit Chiliflocken bestreuen. Zuletzt jeweils 1 Scheibe Gouda darauflegen.

3 Die Toasts leicht überlappend im Kreis auf einen Pizzateller legen und im Ofen (Mitte) 10–15 Min backen, bis der Käse geschmolzen ist. Herausnehmen und sofort servieren, dazu nach Belieben nochmals mit Chiliflocken bestreuen.

Für 6 Personen • 20 Min. Zubereitung • Pro Portion ca. 270 kcal, 2 g EW, 11 g F, 41 g KH

KARAMELL-POPCORN 🍃

PARTY-REZEPT

4 EL Sonnenblumenöl
100 g Popcorn-Mais (ersatz-
*   weise 1 große Tüte bereits*
*   gepopptes Popcorn)*
175 g Zucker
25 g Butter
Salz
½ TL Backpulver
Zimtpulver oder Chiliflocken
*   (nach Belieben)*

1 Das Öl in einen mittelgroßen Topf geben. Die Maiskörner hinzu-fügen, ohne dass die Körner übereinanderliegen. Alles zugedeckt auf mittlere Hitze erwärmen und warten, bis die Popp-Geräusche nachlassen. Danach das Popcorn herausnehmen. Inzwischen ein Backblech mit Backpapier auslegen.

2 Den Zucker in einer Pfanne bei mittlerer Hitze karamellisieren lassen. Butter und 1 Prise Salz hinzufügen und mit einem Schnee-besen einrühren. Dann das Backpulver in die Pfanne geben und das Karamell kurz schaumig aufkochen. Nach Belieben noch 1 Prise Zimtpulver oder Chiliflocken hinzufügen.

3 Die Pfanne vom Herd nehmen und das Popcorn im Karamell wenden. Auf dem Backblech verteilen und abkühlen lassen. Zum Servieren bei Bedarf in kleine Stücke brechen.

Für 1 Backform (19 × 27 cm; 20 Stücke) • 20 Min. Zubereitung • 20 Min. Backen •
Pro Stück ca. 200 kcal, 4 g EW, 14 g F, 16 g KH

SCHOKOKUCHEN
MIT SALZBREZELN

ZUM KAFFEE

300 g Zartbitter-Schokolade
  (50 % Kakaogehalt)
140 g Butter
5 Eier (M)
125 g Zucker
1 Pck. Vanillezucker
45 g Mehl
20 Salzbrezeln
Butter für die Form

GU CLOU

Das Geheimnis des Kuchens besteht in seiner genialen Kombination aus weichem Teig und knusprigen Salzbrezeln, aus süßer Schokomasse und salzigem Topping. Damit die Brezeln nicht aufweichen, den Kuchen am besten am Tag des Backens essen.

1 Den Backofen auf 180° vorheizen. Die Backform mit Backpapier auslegen und die Ränder mit Butter einfetten.

2 Die Schokolade grob hacken und mit der Butter in einer Schüssel über dem Wasserbad schmelzen, vom Herd nehmen und abkühlen lassen. Inzwischen die Eier trennen, die Eiweiße mit den Rührbesen des Handrührgeräts steif schlagen. Dabei die Hälfte des Zuckers langsam einrieseln lassen.

3 Dann die Schoko-Butter-Mischung mit dem übrigen Zucker und Vanillezucker verrühren. Eigelbe und Mehl hinzufügen und mit einem Schneebesen unterrühren. Zuletzt den Eischnee vorsichtig auf die Masse geben und mit einem Teigspatel in mehreren Etappen unterheben. Dabei immer langsam vom Schüsselrand und -boden zum Schüsselinneren arbeiten und die Schüssel leicht drehen.

4 Den Teig in die Backform füllen und die Oberfläche leicht glätten. Mit den Salzbrezeln belegen und im Ofen (Mitte/unten) 15–20 Min. backen. Den Kuchen nicht zu lange backen, sonst wird er trocken. Bei der Stäbchenprobe sollten ein paar feuchte Teigkrümel am Stäbchen haften bleiben.

5 Den fertigen Kuchen aus dem Ofen nehmen und auf einem Kuchengitter abkühlen lassen. Zum Servieren so in rechteckige Stücke schneiden, dass jedes Stück 1 Salzbrezel enthält.

REGISTER

Vegetarische Rezepte, die im Buch mit einem ◗ gekennzeichnet sind, sind hier grün abgesetzt.

Abkürzungsverzeichnis:
E = Eiweiß
EL = Esslöffel
(gestrichen)
F = Fett
kcal = Kilokalorien
KH = Kohlenhydrate
Pck. = Päckchen
TK = Tiefkühl
TL = Teelöffel
(gestrichen)
Ø = Durchmesser

© 2019 GRÄFE UND UNZER VERLAG GmbH, München

Alle Rechte vorbehalten. Nachdruck, auch auszugsweise, sowie die Verbreitung durch Film, Funk, Fernsehen und Internet, durch fotomechanische Wiedergabe, Tonträger und Datenverarbeitungssysteme jeglicher Art nur mit schriftlicher Genehmigung des Verlages.

Projektleitung: Elke Sieferer
Lektorat: Kathrin Gritschneder
Korrektorat: Adriane Andreas
Innen- und Umschlaggestaltung: independent Medien-Design, München: Horst Moser (Artdirection), Lucie Heselich, Svenja Wamser
Herstellung: Mendy Willerich
Satz: Kösel, Krugzell
Reproduktion: LUDWIG:media gmbh, Zell am See
Druck und Bindung: Firmengruppe APPL, aprinta druck, Wemding
Syndication:
www.seasons.agency
Printed in Germany

1. Auflage 2019
ISBN 978-3-8338-7073-6

www.facebook.com/gu.verlag

DIE AUTORIN

Sandra Schumann ist Foodstylistin und Rezeptautorin. Ihre Leidenschaft für alles Kulinarische führte sie für einige Jahre nach Paris, wo sie bei verschiedenen Verlagen und Magazinen Kochbücher und Artikel veröffentlichte. Inzwischen lebt und arbeitet sie in Berlin und hat bei GU bereits mehrere Bücher veröffentlicht. In der Studentenküche zeigt sie, wie lecker, kreativ und einfach Kochen sein kann.

DIE FOTOGRAFIN

Coco Lang fotografiert Food und Stills in ihrem Werkstattstudio direkt am Münchner Viktualienmarkt. Zusammen mit **Sven Dittmann** (Foodstyling Rezepte) und **Akos Neuberger** (Foodstyling Stillleben auf den Klappen) hat sie die Rezepte der Studentenküche gekonnt in Szene gesetzt.

BILDNACHWEIS

Autorenfoto: Caroline Wimmer
Coverfoto: Silvio Knezevic
Alle anderen Fotos: Coco Lang

Umwelthinweis:

Dieses Buch ist auf PEFC-zertifiziertem Papier aus nachhaltiger Waldwirtschaft gedruckt.

LIEBE LESERINNEN UND LESER,

wir wollen Ihnen mit diesem Buch Informationen und Anregungen geben, um Ihnen das Leben zu erleichtern oder Sie zu inspirieren, Neues auszuprobieren. Wir achten bei der Erstellung unserer Bücher auf Aktualität und stellen höchste Ansprüche an Inhalt und Gestaltung. Alle Anleitungen und Rezepte werden von unseren Autoren, jeweils Experten auf ihrem Gebiet, gewissenhaft erstellt und von unseren Redakteuren/innen mit größter Sorgfalt ausgewählt und geprüft.

   Haben wir Ihre Erwartungen erfüllt? Sind Sie mit diesem Buch und seinen Inhalten zufrieden? Haben Sie weitere Fragen zu diesem Thema? Wir freuen uns auf Ihre Rückmeldung, auf Lob, Kritik und Anregungen, damit wir für Sie immer besser werden können. Und wir freuen uns, wenn Sie diesen Titel weiterempfehlen, in Ihrem Freundeskreis oder online.

   Sollten wir Ihre Erwartungen so gar nicht erfüllt haben, tauschen wir Ihnen Ihr Buch jederzeit gegen ein gleichwertiges zum gleichen oder ähnlichen Thema um.

KONTAKT

GRÄFE UND UNZER VERLAG
Leserservice
Postfach 86 03 13
81630 München
E-Mail: leserservice@graefe-und-unzer.de

Telefon: 0 08 00 / 72 37 33 33*
Telefax: 0 08 00 / 50 12 05 44*
Mo – Do: 9.00 – 17.00 Uhr
Fr: 9.00 – 16.00 Uhr (*gebührenfrei in D,A,CH)

APPETIT AUF MEHR?

ISBN 978-3-8338-7139-9

ISBN 978-3-8338-7071-2

ISBN 978-3-8338-7145-0

ISBN 978-3-8338-6852-8

ISBN 978-3-8338-6941-9

ISBN 978-3-8338-7076-7

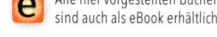 Alle hier vorgestellten Bücher sind auch als eBook erhältlich.

DIE »GU KOCHEN PLUS«-APP

1 APP HERUNTERLADEN

Laden Sie die kostenlose »GU Kochen Plus«-App im Apple App Store oder im Google Play Store auf Ihr Smartphone. Starten Sie die App und wählen Sie Ihren Küchenratgeber aus.

2 REZEPTBILD SCANNEN

Scannen Sie das gewünschte Rezeptbild mit der Kamera Ihres Smartphones. Klicken Sie im Display die Funktion Ihrer Wahl.

3 FUNKTIONEN NUTZEN

Sammeln Sie Ihre Lieblingsrezepte. Speichern und verschicken Sie Ihre Einkaufslisten. Oder nutzen Sie den praktischen Supermarkt-Finder und den Rezept-Planer.